AF478809

Bilingual Kiddos

PRESS

Խաղող
[KHAGHOGH]

Խնձոր
[KHNDZOR]

Նարինջ
[NAREENJ]

Տանձ [TANDZ]

Ելակ [YELAK]

Պանան [PANAN]

Դեղձ

[DEGHDZ]

Ձմերուկ

[DZMEROOK]

Կեռաս

[KERAS]

Գազար

[GAZAR]

Կիտրոն

[KEETRON]

Լոլիկ

[LOLEEK]

Պղպեղ

[PGHPEGH]

Սխտոր

[SKHTOR]

Սունկ

[SUNK]

Սմբուկ

[SMBOUK]

Բողկ

[BOGHK]

Սոխ

[SOKH]

Կաղամբ

[KAGHAMB]

Բրոկկոլի

[BROKKOLI]

Կարտոֆիլ

[KARTOFIL]

Վարունգ [VAROUNG]

Կանկար [KANKAR]

Ոլոռ [VOLORR]

Բադիկ

[BADIK]

Ոչխար

[VOCH'KHAR]

Կով

[KOV]

Ձի
[DZI]
[TCHUT]
Ճուտ
[AK'AGHAGH]
Աքաղաղ

Խոզ [KHOZ]

Այծ [AYTS]

Նապաստակ

[NAPASTAK]

Կրիա

[KRIA]

Գորտ

[GORT]

Կոկորդիլոս

[KOKORDILOS]

Օձ
[ODZ]

Եղնիկ
[YEGHNIK]

Սկյուռ
[SKYURR]

Շուն
[SHUN]

Կատու
[KATU]

Թռչուն
[TRRCHOON]

Ընձուղտ

[YNDZUGHT]

Փիղ [PEEGH]

Արջ [ARJ]

Ձեբրա
[ZEBRA]

Կապիկ
[KAPEEK]

Առյուծ [ARRYOOTZ]

Սիրամարգ

Թրթուր [TRTUR]

Թիթեռ [TI'TER]

Խխունջ [KHKHUNJ]

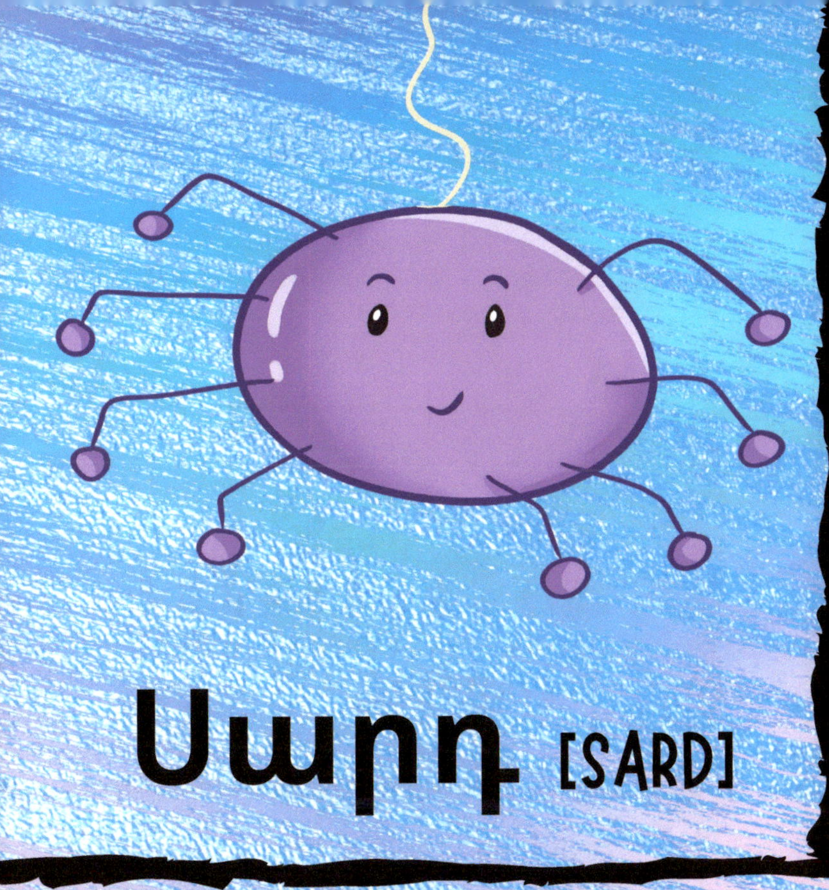

Սարդ [SARD]

Մեղու
[MEGHU]

Զատիկ

[ZATIK]

Ճպուռ

[CHPURR]

Մորեխ

[MOREKH]

Մրջյուն

[MRJYUN]

Ավտոմեքենա

[AVTOMEK'ENA]

Բեռնատար

[BERNA'TAR]

Շտապ օգնություն

[SHTAP OGNUT'YUN]

Ավտոբուս [AVTOBUS]

Մոտոցիկլ
[MOTOTS'IKL]

Ֆուրգոն
[FURGON]

Տրակտոր
[TRAKTOR]

Ինքնաթիռ

[INK'NAT'IRR]

Ուղղաթիռ

[UGHGHAT'IRR]

Նավ [NAV]

Հեծանիվ
[HETSANIV]

Գնացք [GNATSK]

Քարակուսի

[KARAKU'SI]

Ուղղանկյուն

[UGHGHANKYUN]

Շրջան
[SHRJAN]
Եռանկյունի
[YERRANKYUNI]

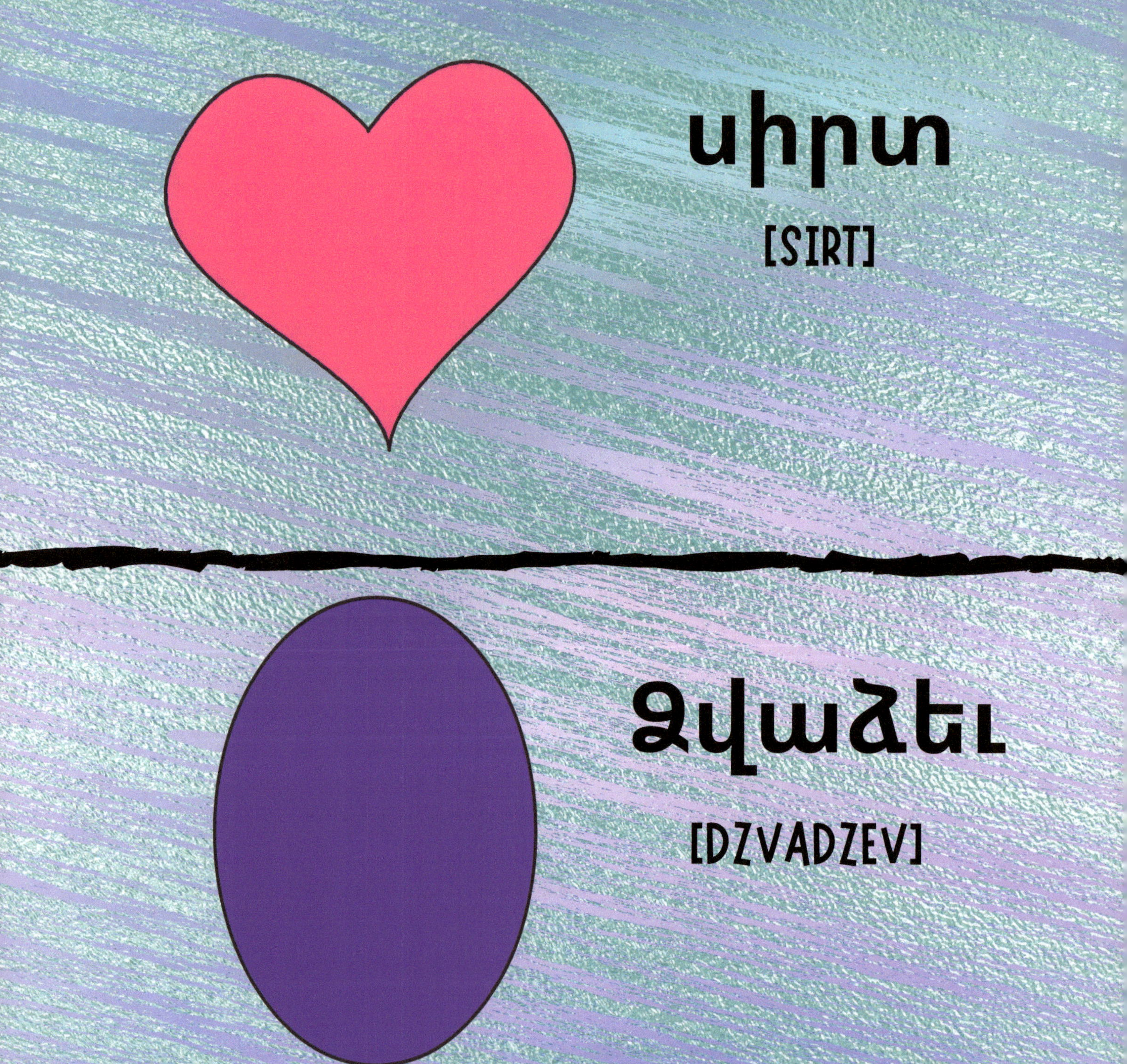
սիրտ
[SIRT]
ձվաձեւ
[DZVADZEV]

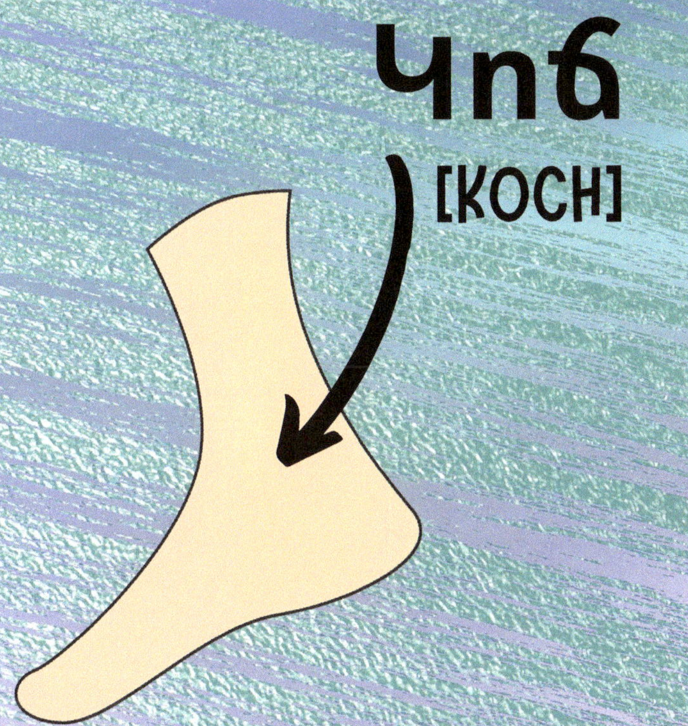

Կոճ
[KOCH]

Գլուխ
[GLUKH]

Մատներ
[MATNER]

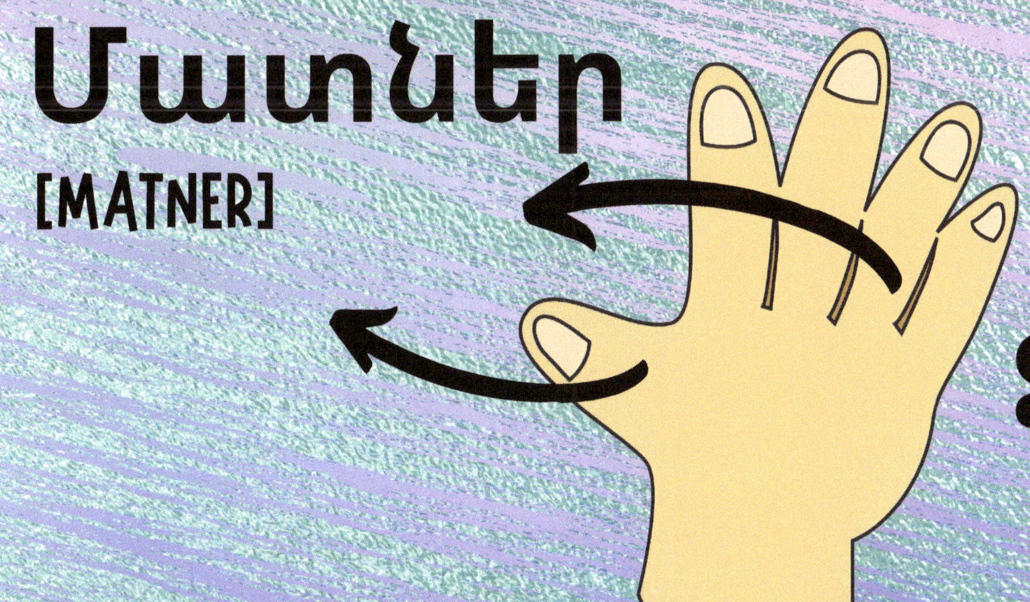

Ձեռք
[DZERRK']

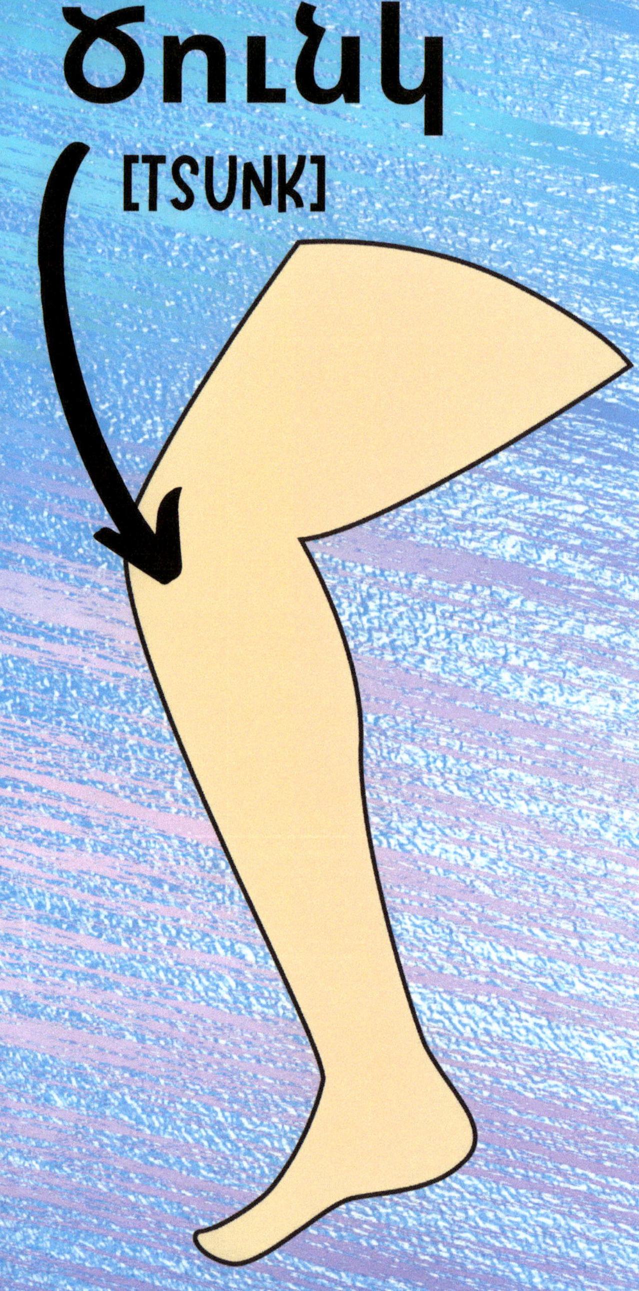
Արմունկ
[ARMUNK]
Ծունկ
[TSUNK]
[BAZUK]
Բազուկ
 Որք [VOTK']

Մարմին

[MARMIN]

Աչք
[ACH'K']

Քիթ
[KIT]

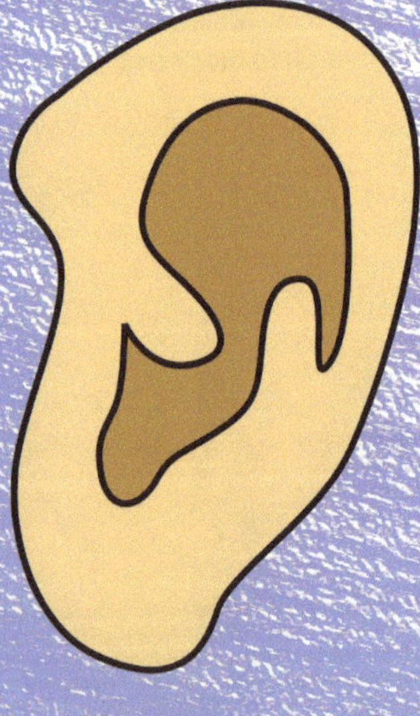
Ականջ
[AKANJ]

Հոնք

[HONK']

Մազեր

[MAZER]

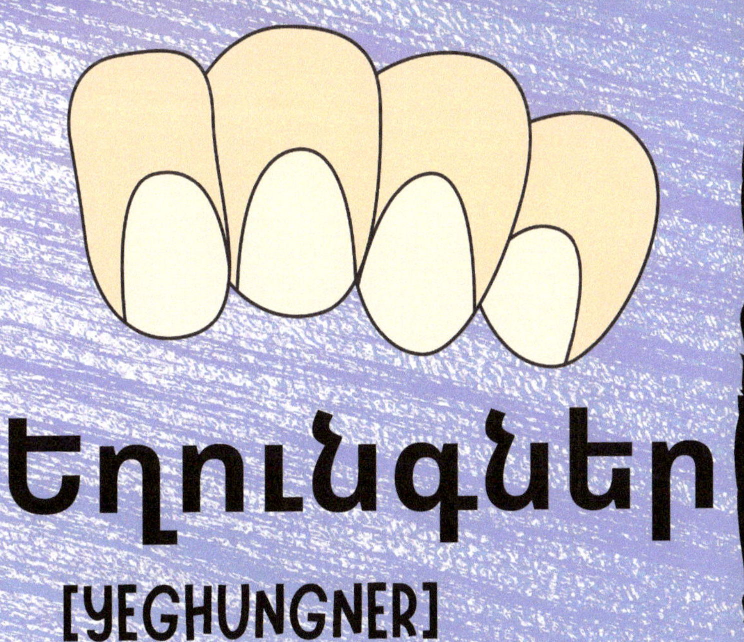

 Եղունգներ

[YEGHUNGNER]

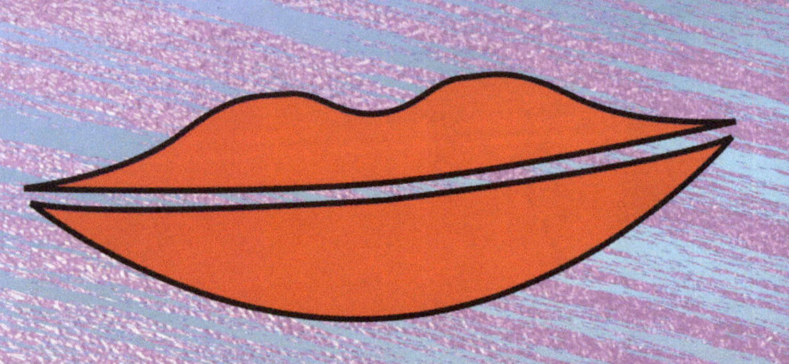

Շրթունքներ

[SHRT'UNK'NER]

Լեզու

[LEZOO]

Բերան

[BERAN]

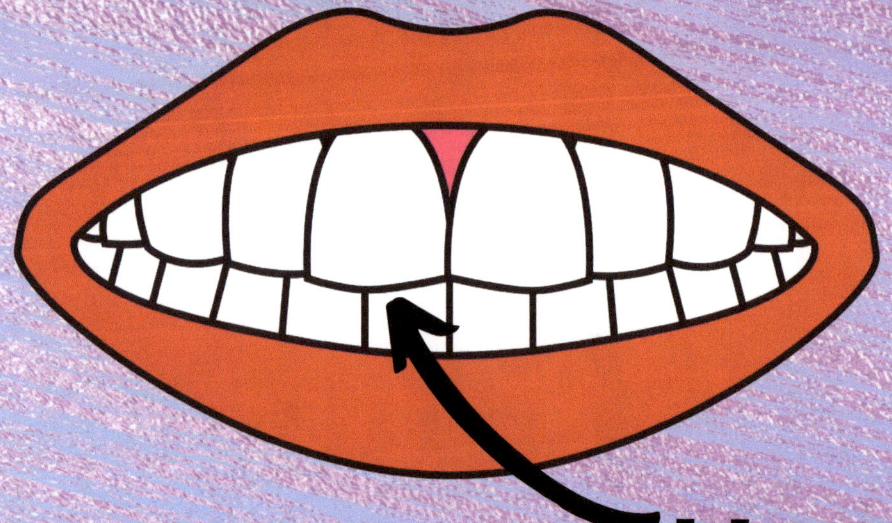

Ատամներ

[ATAMNER]

Երկնագույն

[KAPUYT]

Կանաչ

[KANACH]

Կարմիր

[KARMEER]

Դեղին
[DEGHEEN]

Մանուշակագույն
[MANUSHAKAGUYN]

Վարդագույն
[VARDAGUYN]

Նարնջագույն

[NARENJAGOOYN]

Մոխրագույն

[MOKHRAGOOYN]

Շագաննակագույն

[SHAGANAKAGUYN]

Սև

[SEV]

Սպիտակ

[SPEETAK]